처음이라 잘 된 게 아니고
끝이라 잘 안 된 게 아니다

**처음이라 잘 된 게 아니고
끝이라 잘 안 된 게 아니다**

초판 1쇄 인쇄	2025년 05월 26일
초판 1쇄 발행	2025년 06월 10일
신고번호	제313-2010-376호
등록번호	105-91-58839
지은이	이농백
발행처	보민출판사
발행인	김국환
기획	김선희
편집	현경보
디자인	다인디자인
주소	경기도 파주시 해올로 11, 우미린@ 상가 2동 109호
전화	070-8615-7449
사이트	www.bominbook.com
ISBN	979-11-6957-351-1 03810

• 가격은 뒤표지에 있으며, 파본은 구입하신 서점에서 교환해드립니다.
• 이 책은 저작권법에 의하여 보호를 받는 저작물이므로 무단 전재와 복사를 금합니다.

처음이라 잘 된 게 아니고
끝이라 잘 안 된 게 아니다

이동백 시집

만족은 양보이다
양보는 복스런 삶의 안내이다

보민출판사

추천사

처음이어서 잘 된 줄 알았다. 그런데 다시 돌아보니, 꼭 그런 것만은 아니었다. 끝이라서 잘 안 된 줄 알았다. 그런데 시간이 지나고 나니, 그것 또한 하나의 완성일 수 있었던 일들을 마주칠 때가 있다. 이동백 시인의 시집 『처음이라 잘 된 게 아니고 끝이라 잘 안 된 게 아니다』는 이런 우연한 진실로부터 출발한다. 덤덤한 듯 단순하지만, 마음속 깊이 내려앉아 긴 여운을 남기는 말! 그 한 줄이 이 시집의 전체 분위기를 대변한다.

이 시집은 세상과 사람, 관계와 내면, 삶과 사랑에 대한 시인의 농익은 시선을 담고 있다. 시인은 말한다. "만족은 양보이고, 양보는 복스런 삶의 안내"라고. 인생의 많은 부분이 욕심보다 내려놓음으로 채워진다는 사실을, 그는 전한다. 어쩌면 삶의 태도에 대한 은은한 권유일지도 모른다.

이 시집은 총 3부로 나누어져 있다. 제1부 〈무의식의 세계〉는 병과 상처, 흔들림을 정면으로 바라본다. 고통을 피하지 않고 삶의 일부로 받아들이는 시인의 태도가 인상 깊다. "박살 난 자리, 찢어진 자리, 균형 잡기엔 땜질하기엔 병이 직빵이다"라는 시구는, 우리 안의 상처가 오히려 회복의 방

향이 될 수 있음을 일러준다.

제2부 〈사랑해 친구야〉에서는 사람 사이의 온기와 유쾌한 시선이 담겨 있다. 친구, 연인, 가족처럼 익숙한 존재들을 향한 시인의 말투는 다정하고 따뜻하다. "나는 너를 있는 그대로 사랑해", "다 내 덕이야" 같은 문장들은 일상 속 관계의 소중함을 새삼 되새기게 한다.

제3부 〈착한 아이 증후군〉에서는 기대와 역할에 묶여 살아온 이들을 향한 해방의 메시지가 이어진다. "좀 욕 얻어먹어도 되고, 좀 약아빠져도 된다 / 절절대는 소인배보다 단단하고 굳은살 있는 대인배가 낫다"는 시구는, 착해야 한다는 강박에 지친 이들에게 시인이 건네는 유쾌한 선언이다.

이처럼 시들을 따라가다 보면, 독자는 어느새 시인의 시선으로 삶을 다시 들여다보게 된다. 시는 어렵지 않고, 그렇다고 가볍지만도 않다. 툭툭 던지는 말 같은 문장들이 마음 어딘가를 건드리고, 긴 여운을 남긴다. 지금 내 마음에 꼭 붙는 말 한 줄이 필요하다면, 이 책을 조용히 펼쳐보길 권한다.

2025년 6월
편집위원 **김선희**

시인의 말

글이 숨을 쉰다; 글의 청초한 춤은 삶의 예약된 파티가 된다.

반성의 공간; 생활의 재조명을 통한 자신감의 충전, 반성의 꼬집기 장이 펼쳐진 곳.

인생의 기회; 공감에서 시작되는 인간적인 조언은 밝은 날도 어두운 날도 모두 기회가 된다.

복스런 삶의 안내; 건강한 삶의 단초는 두둑한 복이다. 과연 복은 어떻게 쌓아야 할까?

정곡의 지혜; 깔끔하고 시원한 한마디. 긴말 필요 없다. 짧을수록 짜다.

2025년 6월
시인 **이동백**

목차

추천사 … 4
시인의 말 … 6

제1부. 무의식의 세계

균형의 여신 … 12
위화감 없애는 마술 … 13
꼼짝 못해 … 14
눈에는 눈 이에는 이 … 15
끝을 잡고 시작하라 … 16
없으면 더 좋다 … 17
처음이라 잘 된 게 아니고 끝이라 잘 안 된 게 아니다 … 18
기생충 … 19
내가 더 사랑해 … 20
메리 크리스마스 … 21
무의식의 세계 … 22
드러나지 않은 빙산 … 23
초월한 능력 … 24
부자 되는 법 … 25
들뜨면 즐겁다 … 26
소원 성취 … 27
도전 … 28

고따구 … 29
부디 승리하길 바란다 … 30
인성교육 … 31
자유인 … 32
능력자 … 33
사랑은 이렇게 하는 거야 … 34

제2부. 사랑해 친구야

이별 … 36
다 내 덕이야 … 37
행복이 충전된다 … 38
후광효과의 인기 … 39
쓸데없는 고민 … 40
양성성 … 41
시간이 멈춰 있다고 생각 마라 … 42
복 쌓기 … 43
모든 것에 때가 있다 … 44
사랑해 친구야 … 45
나는 너를 있는 그대로 사랑해 … 46
득음 … 47
초대 … 48
삶의 질 … 49
회춘 … 50
애인 … 51
반성 … 52
다 니 탓이야 … 53
다이어트의 진실 … 54
여자 … 55
빛 좋은 개살구 … 56

비 온 뒤 땅이 굳는 마법 … 57
자존심 … 58

제3부. 착한 아이 증후군

텔레파시 … 60
지켜주기 … 61
장애인에게 건네는 잔소리 … 62
5분 뒤 … 63
인생에 도움이 되는 것들 … 64
열쇠 … 65
꿈의 대화 … 66
거위의 복수 … 67
얕고 좁은 마음 … 68
서로 살아가는 자세 … 69
정면 승부하라 … 70
책 속에 답이 있다 … 71
보통이 제일 좋다 … 72
가볍고 쉬우면 들고 가기 쉽다 … 73
적극적인 지혜의 눈 … 74
그림 감상 … 75
선수 치기 … 76
자동화 … 77
관리의 전략 … 78
착한 아이 증후군 … 79
빼기의 풀이 … 80
강렬한 SOS … 81
기초가 되는 힘 … 82
마음 연습한 대로 열리는 길 … 83

제1부
무의식의 세계

너의 세상과 나의 세상을 잇는
재미있는 이야기의 낚시놀이

균형의 여신

정신적으로 견디고 극복하면서
신체적으로 나으면서
건강이 회복된다고 말한다

병은 균형점으로 나아가는 추진력이다
병은 건강으로 나아가는 방향체이다

박살 난 자리 구멍 난 자리 찢어진 자리
균형 잡기엔 땜질하기엔
병이 직빵이다

아프다고 징징대지 마라
고지의 쾌감이 기다리고 있다

위화감 없애는 마술

사람 사는 거 다 거기서 거기입니다

너나 할 것 없이
우리 모두가 가지고 있는 쓴맛
우울증

우울증의 평균대는
위화감을 없앱니다

어제도 오늘도 쌀밥 드셨습니까?
저도 먹었습니다

밥맛이 기똥찹니다

꼼짝 못해

기다리는 사랑
달려가는 사랑

그늘이 되는 사랑
봄바람이 되는 사랑

주는 사랑의 진심
받는 사랑의 감동

사랑은 뜨끈하지 않다

너라서
꼼짝 못해

눈에는 눈 이에는 이

이열치열
열은 열로 다스린다

이독제독
독은 독으로 제어한다

이포이포
폭력은 폭력으로 다스린다

뚜껑 열린 곳을
그 뚜껑으로 다시 덮어보자
밀폐공간의 놀라운 활약이 기대된다

끝을 잡고 시작하라

공돈의 막연함
이것저것 마음에 드는 것
어떻게 될까?
시간과 돈이 줄줄 샌다

목록을 정하는 것
계획을 세우는 것
이러한 사소한 실천이
잘 사는 방법이다

끝을 잡고 시작하라
한눈팔지 않고
이탈하지 않는다

진리는 알파요 오메가다

없으면 더 좋다

돈이 다 해결해 줄 거라는 생각은
돈의 노예로 만든다

돈이 없어서 생기는 다양한 방법은
돈의 주인이 되게 한다

노예는 휘말리는 고통이 있다
그러나 주인은 쓸 만한 권한을 차지하게 된다

있으면 좋다
그러나 없으면 더 좋다

처음이라 잘 된 게 아니고
끝이라 잘 안 된 게 아니다

앞자리의 혜택
뒷자리의 박탈감

좋을지 알았지?
앞자리의 부담감

나쁠지 알았지?
뒷자리의 넉넉함

처음이라 잘 된 게 아니다
배려와 양보는 배워야 할 몫이 된다

끝이라 잘 안 된 게 아니다
세상은 너의 몫이다

기생충

엄마 몸속에서 건강하게 자라는
기생충다운 생명체

성장하겠다고 징징대는
기생충다운 인격체

세상 앞에서 지휘하겠다고
하늘에 대고 들들 볶는
기생충다운 피조물

진정한 사랑 없이는
완성될 수 없는 우리

감사합니다, 아버지 어머니

내가 더 사랑해

나는 다가가고 싶다
너는 멀어져라
내가 더 사랑해

나는 멀어지고 싶다
너는 그래도 나는 못한다
내가 더 사랑해

메리 크리스마스

추운 겨울에 태어난
따뜻한 아기

각박한 세상 속에
온돌이라도 기약한 건가요?

세상과의 인연을
사랑으로 보답하셨네요

생일 축하합니다

메리 크리스마스

무의식의 세계

졸릴 때 만나는 너의 세상
나에게 꼭 던져주고 싶은 이야기

노력으로 다가가는 나의 세상
이야기의 실마리 찾기

너의 세상과 나의 세상을 잇는
재미있는 이야기의 낚시놀이

낚시놀이의 실체는
사고의 물고기

보이지 않는 위대한 친구
만나볼래?

드러나지 않은 빙산

너를 판단하는 기준
면접과 이력서

너를 사랑하는 기준
출중한 외모와 걸음걸이

너를 감동시키는 기준
틀린 글씨로 적은 엄마의 편지

너를 완성시키는 기준
너도 나도 모르는 나의 모든 것

초월한 능력

너무 익숙하지 않은 발명
너무 낯선 한계점의 극복
너무 생소나 폭발적인 힘

특별한 능력을 보통으로 만드는 기적

너무 평범한 초능력

깨우침의 그 자리

부자 되는 법

숨 막히는 현실
쌓여지지 않는 쌀독
해결되지 않는 고민

인생 한방입니다
바로 도와드리겠습니다

내 마음에 빚지는 장사입니다

껌값 하드값 담뱃값 소줏값
통장에 값이 들어옵니다

힘내세요
그래도
가끔 빚을 갚아 주세요

들뜨면 즐겁다

조금 있으면 통장에 들어올 이자
조금 있으면 입고 싶은 노란 스웨터
조금 있으면 내 입을 호강시킬 족발과 소주

내가 가질 수 있는
현실적이고 짱짱한 미래

우울함도 끼어들 수 없는
기분 좋은 약속

살짝 들뜨면
삶이 즐겁다

소원 성취

깨진 하트의 의미
완성된 사랑의 강렬한 바램

개떡 같은 꿈 해몽
찰떡같은 의미의 재해석

고달픈 돈 모으기
예약된 행복

부정의 간절함은
긍정의 결론

소원성취하세요

도전

내가 하기 싫은 일이
힘든 세상이라 한다면

내가 지금 공부하는 것도
나를 지치게 하는 것이겠지

하지만 하기 싫은 일 너머에
하고 싶은 일이 있다면

모진 세상도 멋있게 도전해 보리라

고따구

시작이 쉬웠습니까?
과정은 그렇지 않습니다

과정이 아름다운 이유는
성장과 성숙이 보장되는 거죠

그냥 얼렁뚱땅하지 않겠습니다
단단하고 힘 있는 사랑을 원해요

고따구로 사랑할 거면 또 도망가겠습니다

부디 승리하길 바란다

비쌀수록 매겨지는 기운
전쟁의 시작

사로잡힌 회유
벗어날 수 없는 욕망

꼴 좋다

부디 기 싸움에서 승리하길 바란다

인성교육

니가 무엇이 되고 싶나?
- 소방관이요

그 사람의 마음은 어떠하겠나?
- 용감하고 착할 거 같아요

지금 그 사람의 마음을 연습할 수 있겠느냐?

인성교육의 회초리는 공감에서 시작됩니다

인성교육의 학습은 태도변화와 자세교정입니다

인성교육의 열매는 아름다운 세상의 항해사입니다

자유인

희로애락에 젖은 목멘 삶은 거부한다

내가 가는 길 나쁜 일만 있을 거라 생각하지 않는다

내가 가는 길 좋은 일만 있을 거라 생각하지 않는다

어딜 가든 무엇을 하든 자유인이 되는 게 훨씬 낫다

나는 자유인이다

시원하게 친구 하소

능력자

성적이 인간성이 되는 사회는
이제 종식이다

성적이 실력이 되는 사회는
이제 종결이다

이제 활발한 적응력의 시대가 열렸다

적응력은 융통성 자리에서 활개를 친다

공부를 잘해서 다 잘하는 것이 아니라
공부를 못해서 잘하는 게 있다

사랑은 이렇게 하는 거야

화려한 옷차림
융숭한 식사
고급스런 디저트

야야야
밥에 금가루 뿌렸냐?

잠옷 바람에
김가루, 시금치 무침
그리고 너 한 입 나 한 입
그리고 피어나는 행복

사랑은 이렇게 하는 거야

제2부
사랑해 친구야

또 다른 나의 가족
둘도 없는 내 단짝

이별

일상이 주는 회복
기본

회복의 속도감
시간

기본+시간의 만남=
죽지 않으면 치유되는 가슴앓이

기본은 해라 시간은 흐른다

다 내 덕이야

사랑해의 분자는 눈꽃송이 같다
싫어요의 분자는 가시나무 같다

사랑해 고마워의 답변은
너의 싱그러운 미소

싫어요 미워요의 답변은
너의 꼴 보기 싫은 주름

니 멋있어지고 섹시해지면
다 내 덕인 줄 알아

행복이 충전된다

경험 과정이 준 즐거움 따위

사기 결과가 준 고통 따위

경험의 격려
사기의 가르침

경험의 엔돌핀이 준 행복의 충전
사기의 반성이 준 인생 선배의 위치

까짓것 또 모으면 돼
건강이 준 녹록지 않은 생명

후광효과의 인기

성형수술 한계의 극복
손 하나 안 대고 예뻐지는 기술

당장 확실한 인기 보장합니다

된장찌개 잘 끓이는 너의 장기
예상치 못한 너의 토익점수
꾀꼬리 같은 너의 목소리

자자자
사람이 달라 보입니다

후광효과에 분발하십시오

쓸데없는 고민

인내심 발휘한 병의 축적
앞이 캄캄한 병원비

어떻게 하노

쓸데없는 고민은 금지

대출받아 치료하고
건강해져서 갚으세요

적당한 결단은
미래가 술술 풀립니다

양성성

여자 - 이 시대의 패러다임은 양성성의 물결이야

남자 - 내가 남자라서 남성성은 알겠다만 여성성은 뭐냐?

1분의 침묵

여자 - 니 내랑 비슷해

서로 닮아가는 부부
기운의 교환

결혼은 하고 봐야 맛을 알지

시간이 멈춰 있다고 생각 마라

지금의 흉한 날들
미래의 복스러운 날들

길흉화복의 리듬

지금 해서는 안 될 경고
시간이 멈춰 있다고 생각 마라

미래에 해야 할 조언
시간이 정직하다고 생각해라

복 쌓기

선택의 만족스러움
나의 계산

줄 때의 기쁨
너의 계산

잘하는 걸 더 잘해라
수미산만큼 쌓일 테니
부처의 계산

모든 것에 때가 있다

사과는 익어야 떨어진다

시간이 되어야 밥을 먹는다

내 차례가 되어야 문이 열린다

도전해야 기회가 생긴다

당해봐야 정신 차린다

모든 것에 때가 있다

사랑해 친구야

내가 잘못한 일에는
신랄하게 지적해 줄 수 있는 사람

내가 잘한 일에는
뜨겁게 격려해 줄 수 있는 사람

받기보다 나눠서 더 기쁜 사람

언니의 마음을 아나?

언니한테 잘해

또 다른 나의 가족
둘도 없는 내 단짝

나는 너를 있는 그대로 사랑해

내가 하는 잔소리
니가 하는 무관심

삼라만상 변한 거 하나 없는 우리

내가 하는 이해
니가 하는 편안함

잘잘못 따질 필요 없는 존중

나는 너를 있는 그대로 사랑해

득음

눈이 멀어
맺힌 한을 소리로 승화시킨
명창

죽음과의 사투 끝에
존재감의 승리로 얻은
새 생명

지칠 대로 지친 고통에
꿋꿋이 일어난
큰 그릇

다 이유가 있다
니 오늘부터 득음해라

초대

건강한 사람의 비결

깨어남의 시그널
삼겹살 굽는 소리가 주는 귓속말

깨우침의 시그널
오면 오는 대로
가면 가는 대로
힘주지 않는 가벼운 발걸음

건강한 사람이 사는
평범하지만 사과같이 열린 삶

열린 세상으로 당신을 초대합니다

삶의 질

먹고 사는 게 급하다
옷 한 벌 사기 어렵다

총지출에서 음식물비의 높고 낮음이
행복의 척도가 아니다
이것은 비논리적이다

먹는 데 비용이 많이 들어도
맛있게 즐겁게 먹는다면
삶의 질은 상당히 때깔 고울 것이다

회춘

여성호르몬이 풍부한 석류
피부 미용에 좋은 돼지 껍데기
탈모에 도움이 되는 검은콩

젊어지고 싶습니까?

먹는 거 말고도 청춘 되는 법을
알려드리겠습니다

박장대소

자화자찬

자나 깨나 다시 보자
나의 얼굴

애인

여자의 애인은 커피
남자의 애인은 담배

신랑이고 감동이고
친구이고 인생이고

간절한 한 모금
카페인 중독

간절한 한 개비
니코틴 중독

애인을 마음껏 사랑할 수 있는 자유를 달라

반성

생과 사의 갈림길에서
들고 가는 내 죄의 이력서

심판대에 놓인 간절한 호소
"죽을힘을 다해 반성하며 살았습니다"

반성이 마음에 드는 이유
잘 닦인 길을 걸어왔다는
인정할 만한 증거

가자! 낙원으로!

다 니 탓이야

살기 싫다의 습관
죽고 싶다의 일상

니 입버릇 때문에
고달픈 삶이 된 거야
좋은 일도 부정 타겠다

다 니 탓이야

디어 봤으니 정신 차려라

다이어트의 진실

심각한 칼로리 계산
처절한 풀밭 같은 식단

비참하다 비참해

이 방법은 어떨까?

같이 있을 때도 이쁘고
혼자 있을 때도 이쁘고

같이 있을 땐 맛있게 많이 먹자
혼자 있을 땐 밥솥 들고 있지 말고 소식하자

어차피 이뻐지려고 하는 것

항상 이쁘면 더 좋잖아

여자

청바지만으로도 멋스러운 아가씨
김치찌개가 기가 막힌 아내
포대기가 다정한 엄마
파격 할인이 제일 맘에 드는 주부
도떼기 시장판 수다장이 열린 아줌마
손이 약손인 할머니

아름다움을 일생에 걸쳐
모두 휩쓸은 장본인

그 이름은
여자

당신을 사랑합니다

빛 좋은 개살구

멀쩡하게 생긴 그녀
알고 보니 성괴

멀쩡하게 생긴 그
알고 보니 화장발

시선이 차지하는 비율
솔직히 90%

속지 말자 도화살
뜯어보자 빛 좋은 개살구

비 온 뒤 땅이 굳는 마법

싸웠다

너무 꼴 보기 싫다
삶의 회의감마저 든다

눈치 보는 양심은
화해의 요청

남편이 귤을 사다 놨다
상다리 부러지게 식사를 차렸다

더 잘할게 여보
내가 미안해

자존심

여자의 자존심
자기 얼굴에 광낼 줄 아는 분장술

남자의 자존심
많지 않아도 굶게 안 하겠다는 기세

무얼 하든 어떻게 살든
기죽지 마라

억센 고집보다
대쪽같은 자존심이 더 낫다

제3부
착한 아이 증후군

절절 되는 소인배보다
단단하고 굳은살 있는
대인배가 낫다

텔레파시

텔레파시는 우리 모두에게 유익하도록
신이 허락한 도구
공짜로 진행되는 성인의 말씀

시공간을 초월한 자리에
선택을 받은 우리

열린 공감의 만남
솔직히 그날이 오길

열려라 참깨

지켜주기

식을까 봐 품 안의 커피를 건네는
남자의 넓은 가슴

둘만 있으면 라면도 괜찮다는
여자의 깊은 헤아림

부족한 점도
불편한 점도
훼손하지 않는
지켜주기 사랑

지켜주기 사랑의 약속은
영원한 기도

장애인에게 건네는 잔소리

장애인의 시간과 노력

불편한 것이지
건강하지 않은 게 아니다

비장애인의 배려와 양보

배워야 하는 것이지
당연한 게 아니다

당당한 소신은 못지않은 자신감이 된다

5분 뒤

인연의 흐름대로
인과응보의 흐름대로
한 치 앞도 못 보고 흘러가는 인생사

욕정에 욕망에 흘러가는 업보

잠깐만요
적어도 5분 뒤의 일은 알고 있습니다
최선의 선택이 눈앞에 보입니다

잠깐만 생각해 보자
업의 소용돌이는 멈출 것이다
우리는 이것을 구원이라 한다

인생에 도움이 되는 것들

살찔까 봐 걱정하는 것들
소식하게 되는 약아빠진 관리
내 건강을 지켜주는 습관

돈 없어서 한탄하는 것들
싼 것을 훌륭하게 고르는 센스
내 소비의 정확한 마지노선

걱정해서 부족해서
인생에 도움이 되는 것들

알고 보면 인생이 쉽다
모르면 약이다
알면 땡이다

열쇠

잊고 있었던
아카시아 향기 나는 추억을 말해준 입담

예상치 못한 나에게
소개된 아름다운 인연

다시 도약하는 새로운 길의 안내

순간순간 있었던 너
멀지 않게 그 자리에 있었던 너
넘어갈 때마다 지켜준 너

세상으로의 환영을 열어주는
반짝반짝한 열쇠

열쇠 찾기 참 힘들다

꿈의 대화

나의 인생길을 알려준
태몽

나의 오늘을 알려준
예지몽

나의 걱정을 알려준
심리몽

나의 바램을 알려준
꿈의 인형극

너를 꿈속에서 꼭 만나고 싶다

거위의 복수

황금알을 낳는 거위
우리의 복덩어리

하루 하나에 만족 못하는
주인의 욕심

결국 종지부 찍는
거위의 인생

오뉴월에도 서리가 내리는 거위의 넋
주인을 세상에 고발하고 마는 거위의 복수

주인 보고 훌륭하다고 하는 사람
하나 없다

우리는 반성하라 각성하라

얕고 좁은 마음

나쁘면 꽥
좋으면 빵긋

우리가 이해하는 장단점
평범한 이해는 얕고 좁다

나쁘면 기대해도 좋다
좋으면 긴장해도 좋다

우리가 해석해야 하는 장단점
들여다보는 해석은 깊이 있고 넓다

깊이와 넓이는
개량해야 할 우리의 숙제

서로 살아가는 자세

혼자서는 재미없다
둘은 있어야 즐겁다

내가 아는 것 너에게 건네주고
니가 아는 것 나에게 건네주고

둘 이상의 끈끈한 상관관계의 영향

우리는 함께 살아가야 할 공동체이다

술 한 잔이 생각난다
니 어깨 좀 빌려도

정면 승부하라

고통의 원인은
피하고 싶은 욕구이다

아예 받아들이자
정면 돌파하자
이것을 해결점의 시작이다, 라고 말한다

첫술에 배부르지 않다
그러나 쌓이는 경험은 실력이 된다
이것을 내공이 채워진다, 라고 말한다

도망가지 마라 피하지 마라
너의 수고는 절대 배신하지 않는다

책 속에 답이 있다

막막한 황무지 같은 시작
맨땅에 헤딩하는 느낌

경험자는 말한다
책 속에 답이 있다고

화두를 정하고
책을 읽어봐라

맥락을 잡고 접근해서
봐야 할 부분이 눈에 들어오기 마련이다
책 속에 답이 있다

딱딱해서 지루한가
만화책도 책이다

보통이 제일 좋다

체력이 떨어져서 자꾸 쓰러지면
조금 살이 찌는 게 낫다

몸살이 나서 청소를 못하면
조금 게으른 게 낫다

돈이 없어서 비싼 가방을 못 사면
조금 팔자타령 하는 것도 낫다

공식처럼 흘러가는 우리의 방식
이게 보통이다

보통의 건강함이 제일 좋다

가볍고 쉬우면 들고 가기 쉽다

가볍고 쉬운 것의 본체
그 이름 상식

모두가 공감하고
모두가 아는 지혜
상식의 교과서

상식을 공부하는 왕도
이마저도 가벼운 맥락

들을 건 반드시 듣게 된다
알 건 반드시 알게 된다
가볍고 쉬우면 들고 가기 쉽다

상식
당신을 인생의 파트너로 임명합니다

적극적인 지혜의 눈

돈이 많으면 사고가 단순해진다
돈이 해결해 줄 거라는 선택

돈이 없으면 사고가 조절이 된다
최소비용으로 최대의 만족의 눈치

돈이 있어서 싸구려 눈이 됐다
돈이 없어서 명품 눈이 됐다

목적 없는 눈보다 보장받는 눈이 훨씬 낫다

나는 말한다
소극적인 돈은
적극적인 지혜의 눈이 된다

그림 감상

5분 만에 끝나는 그림 감상
그림을 공감하기도 전에
끝나는 속도전

그림을 보지만 말고
그림을 읽으세요

시선 구도 색깔 전체적 분위기
그리고 숨겨진 나와의 관계

공감의 파도
감동의 물결
깨우침의 자극

감상을 통해 한 걸음 더 나아가세요

선수 치기

갖지 못해도 괜찮으려면
스트레스를 먼저 헤아려라

이미 결정된 계획은
압박이 덜해 심리적 완충이 된다

그리고

갖지 못해도 만족스러우면
복이 된다는 것을 명심하라

만족은 양보이다
양보는 복스런 삶의 안내이다

자동화

문제 해결력의 시행착오는
단순한 알고리즘의 자동화가 된다

AI 기술보다 뛰어난
인간의 문제 해결력

순발력과 정확성은 첨단기술보다
인간이 더 화려하다

문제 해결력의 자동화 과정은

내 안에
내 생각에
내 경험에
답이 다 있다, 라는 사고의 연습이다

관리의 전략

걱정관리의 참신함

부분에서 전체
우물에서 나와라
새로운 세상의 소개

전체에서 부분
티끌이 가소롭다
별것 아닌 집착의 부끄러움

공간의 시야 확보로 알게 되는
신세계의 맛

착한 아이 증후군

거절 못하는 우유부단함
줏대 없는 소심함

말 잘 듣는 너는 착각하기 마련이다
멍청한 거지 아름다운 게 아니다

좀 욕 얻어먹어도 되고
좀 약아빠져도 된다

절절 되는 소인배보다
단단하고 굳은살 있는
대인배가 낫다

빼기의 풀이

욕심이 꽝꽝 채워졌을 때
빼기는 벗어날 수 없는 과정으로 다가온다

빼기의 풀이는 다음과 같다

늘 같은 나와 다른 매력이 보이는가
덜 먹고 덜 사고 덜 조급해하고
매력의 자극은 빼기의 소금이다

빼기의 적극적인 학습은
매력을 따라 하게 되는 것이다

빼기의 역할은 욕심의 단짝이다

나의 모습이 기대되는가?

강렬한 SOS

문제의 기운은 해결의 쾌감을 원한다
원인과 결과의 인연

고민을 해소로 이끄는 탁월함은 뭘까?

우선,
받아들이기이다

받아들인다는 것은
강력한 SOS의 요청이다

무엇이든 해보겠다는
막바지와 같은 간절한 바램은
외면할 수 없다

재고 짜고 넘고
다 필요 없다
오히려 늦춰질 뿐이다

끝으로, 감사하는 마음은 절대 잊지 말자

기초가 되는 힘

체력이 되야 공부도 잘한다
힘이 있어야 험난한 인생길도 걷는다

체력에 기초가 되는 보약
힘에 기초가 되는 마인드 컨트롤

기운이 솟으면 자신감이 충만해진다
조율을 통해 참아서 더 좋다고 생각이 되면
짱짱한 정신건강이 된다

사소한 노력은
진지한 성장이다

마음 연습한 대로 열리는 길

부자 연습
내 손이 닿는 곳에 필요한 것들이 있는 편안함

가난뱅이 연습
무엇을 사든 무엇을 먹든 만족 못하는 습관

자존심을 지키는 연습
고통과 부끄러움이 있어도
큰 그릇이 될 것이다
득음할 것이다, 라는 주문

우리의 삶은 마음 연습한 대로 열리기 마련이다